Stéphane BEUGRE

Poèmes pour Tous

Stéphane BEUGRE

Poèmes pour Tous

Éditions Muse

Imprint
Any brand names and product names mentioned in this book are subject to trademark, brand or patent protection and are trademarks or registered trademarks of their respective holders. The use of brand names, product names, common names, trade names, product descriptions etc. even without a particular marking in this work is in no way to be construed to mean that such names may be regarded as unrestricted in respect of trademark and brand protection legislation and could thus be used by anyone.

Cover image: www.ingimage.com

Publisher:
Éditions Muse
is a trademark of
International Book Market Service Ltd., member of OmniScriptum Publishing Group
17 Meldrum Street, Beau Bassin 71504, Mauritius
Printed at: see last page
ISBN: 978-620-2-29696-0

Poème pour tous, leaders et, dirigeants

Depuis toujours, nous avons dénoncé
Depuis toujours, nous avons parlé
Et Nous avons toujours dénoncé,
...mais jamais nous n'avons combattu.
Et Nous avons toujours parlé,
...mais jamais nous n'avons levé le petit doigt.
Nous en parlons toujours mais jamais le petit doigt levé
Et depuis toujours, c'est comme ça.
Depuis nos morts qui ne sont pas morts jusqu'à nos jours.
Depuis nos ancêtres qui ne sont pas ancêtres jusqu'à aujourd'hui.
Depuis nos parents qui ne sont pas parents jusqu'à maintenant.
Depuis la nuit des temps,
Depuis le jour des heures,
Depuis Afrique mon Afrique,
Nuit après nuit,
Temps après temps,
Jour après jour,
Heure après heure,

Ils ont beaucoup parlé, ils ont beaucoup dénoncé, ils ont beaucoup écrit,
Traite négrière, Esclavage, Colonialisme, Racisme, Violence...
Hégémonie, Suprématie, Injustice, Barrières, Discrimination,
Ségrégation, Violence...

Néocolonialisme, Impérialisme, Exploitation, Aliénation, Déshumanisation, Violence…

Tous ont été passés au crible ;

Tous ont été parlés ;

Tous ont été dénoncés ;

Tous ont été écrits ;

Countee Cullen, Claude McKay, Langston Hughes, W. E. B. Du Bois… se souviennent

Léopold Sédar Senghor, Aimé Césaire, Léon-Gontran Damas, Birago Diop, Ousmane Socé… Eux aussi s'en souviennent

Camara Laye, David Diop, Ousmane Sembène, Frantz Fanon, Albert Memmi, René Maran, Ferdinand Oyono… Eux aussi encore s'en souviendront

Ahmadou Kourouma, Eza Boto-Mongo Beti, Abdoulaye Sadji, Chinua Achebe, Gérard Ake Loba, Bernard Dadié, Amadou Hampâté Bâ, Cheikh Hamidou Kane, Alioum Fantouré… Eux aussi et encore plus sauront s'en souvenir

Car,

Ils ont beaucoup parlé, ils ont beaucoup dénoncé, ils ont beaucoup écrit, Hé Oui.

On nous a même dit que cette forme de dénonciation, ce fait d'en parler-
C'était le courage.
On nous a même dit que cette forme de dénonciation, ce fait de dire-
C'était l'engagement.

On nous a même dit que cette forme de dénonciation, ce fait d'écrire-
C'était le combat.
On nous a même dit que parler, dire, écrire - - - DENONCER

C'était une autre forme du combat.

On nous disait même qu'il fallait écrire et toujours écrire pour les générations à venir
On nous disait même qu'il fallait écrire et toujours écrire, parler et toujours parler pour les générations à venir
On nous disait même qu'il fallait parler et toujours parler, dire et toujours dire pour les générations à venir
Car les générations à venir avaient cette lourde charge de mener ce combat- - - de mener le combat.

On nous avait même dit qu'il fallait en parler pour éveiller les consciences.
On nous avait même dit qu'il fallait en parler pour éclairer les esprits.
On nous avait même dit qu'il fallait en parler pour dit-on alerter l'opinion.

Eh oui, beaucoup ont écrit et continueront à écrire
Eh oui, beaucoup ont parlé et continueront à parler
Eh oui, beaucoup ont dénoncé et continueront à dénoncer
Eh oui, beaucoup ont engagé les générations à venir dans le combat, dans ce combat…

Ce combat qui dit-on est le leur ;

Ce combat qui dit-on est celui de la liberté, et de l'indépendance ;

Ce combat qui dit-on est celui du devenir, et du progrès ;

Ce combat qui dit-on est celui de l'espoir, et du bonheur.

Et oui,

Parlant d'espoir

Beaucoup ont cru en un lendemain meilleur,

Beaucoup ont cru en une Afrique d'avenir,

Beaucoup ont gardé l'espoir en *keeping on*,

Beaucoup ont gardé l'espoir en *keeping hope.*

Et ce depuis *Afrique mon Afrique*—

à *The Negro Mother*—

à *Democracy*—

à *Limbé*—

à *Cahier d'un retour au pays natal*—

à *L'aube d'un jour nouveau*—

à *I Have a Dream*

Mais aujourd'hui que nous reste-t-il -- Ce qui nous plaît ?

Mais aujourd'hui qu'avons-nous -- Ce qui nous plaît ?

Mais aujourd'hui que sommes-nous -- Ce qui nous plaît ?

Mais aujourd'hui qui sommes-nous -- Ce qui nous plaît ?

Mais aujourd'hui que devenons-nous -- Ce qui nous plaît ?

Et aujourd'hui qu'avons-nous fait ? -- Ce qui ne nous plaît…

Écrire, écrire et toujours écrire,

Nous aussi, comme nos morts pour les générations à venir.

Et aujourd'hui qu'avons-nous fait ? -- Ce qui ne nous plaît…
Dénoncer, dénoncer et toujours dénoncer,
Nous aussi, comme nos ancêtres pour les générations à venir.

Et aujourd'hui qu'avons-nous fait ? -- Ce qui ne nous plaît…
Se plaindre, se plaindre et toujours se plaindre,
Nous aussi, comme nos parents pour les générations à venir.

Et pourtant
Hier,
Quand Langston Hughes et *The Negro Mother* confiaient le combat aux générations futures en leur demandant de ne pas se laisser marcher dessus comme ce fut le cas de *The Negro Mother* elle-même durant trois siècles d'esclavage dans le Sud profond…

Et pourtant hier,
Ils appelaient de manière litote-niène à la révolte.

Et pourtant
Hier,
Quand Langston Hughes et *The Negro Mother* confiaient le combat aux générations futures en leur demandant de ne plus occuper les marches sordides de la société des Hommes comme ce fut le cas de *The Negro Mother* elle-même pendant trois siècles d'esclavage dans le Sud profond…
Et pourtant hier,

Ils appelaient de manière litote-niène les noirs à occuper une digne place dans la société des Hommes.

Et encore pourtant
Hier,
Quand Claude McKay et *If We Must Die* appelaient les noirs et l'Homme épris de paix et de justice au combat en leur demandant de ne plus mourir comme des lâches et des animaux sans mot dire…

Ils ne confiaient plus le combat aux générations futures mais parlaient à la fois de générations présentes d'abord et futures ensuite

Et encore pourtant hier,
Eux, ils appelaient de manière officielle et directe à la révolte

Et encore pourtant
Hier
Quand Claude McKay et *If We Must Die* appelaient les noirs et l'Homme épris de paix et de justice au combat en leur demandant de se battre comme des Hommes jusqu'au dernier souffle…

Ils ne parlaient ni de générations présentes, ni de générations futures mais de toutes les générations, d'un combat de tous, d'un combat commun.

Et encore pourtant hier,

Eux, ils appelaient de manière officielle et directe les noirs à engager le combat pour la survie

Et pendant qu'ils le faisaient

Parlant, Dénonçant, Écrivant ...

Plusieurs sont de ceux des noirs qui appelaient à la révolte, et n'ont jamais caché leur volonté de combat, de résistance et d'action engagée bien qu'écrivant, dénonçant, et parlant -- ou du moins une autre forme du combat.

Le combat, le combat et toujours le combat quand celui-ci nous est imposé de l'extérieur,

Le combat, le combat et toujours le combat quand celui-ci est dans l'objectif de nous rendre objet,

Le combat, le combat et toujours le combat quand celui-ci est dans l'objectif de nous détruire.

Et,

Le combat, le combat et toujours le combat surtout quand celui-ci est fait à dessein

Par quelqu'un que nous considérons comme *célébrant* de la paix, de la justice, du pardon et de l'amour...

Le combat, le combat et toujours le combat surtout quand celui-ci est fait à dessein

Par quelqu'un que nous considérons comme *le père* de la religion chrétienne, de la bible, de la bonne nouvelle, et de l'évangile…

Le combat, le combat et toujours le combat
Le combat, le combat et toujours le combat
Le combat, le combat et toujours le combat

Car si les autres veulent la paix
… alors ils nous laisseront en paix
Car si les autres veulent la quiétude
… alors ils nous laisseront dans la quiétude
Car si les autres veulent la richesse
… alors ils nous laisseront dans la richesse
Car si les autres veulent la vie
… alors ils nous laisseront envie
Car si les autres veulent vivre
… alors ils nous laisseront vivre

Trop de pardon,
Trop d'*attendons ce n'est pas le moment*,
Trop de *je suis trop vieux pour ce combat*,
Trop de *je suis trop jeune pour ce combat*,
Trop de *que vont devenir ma femme et mes enfants sans moi ?*,

Trop de *que vont devenir mon mari et mes enfants sans moi ?*,

Trop de *que vont devenir mon père et ma mère sans moi ?*

Trop d'hésitation,

Trop de réflexion sensible au pardon,

Trop d'amour chrétien pour le prochain,

Trop de sourire vrai pour le semblable,

Trop de franchise pour le frère,

Trop de pitié pour l'enfant de Dieu,

Trop de gentillesse, de joie, de cœur pour l'enfant Jésus.

Et RIEN…

Oui, Et Rien en retour,

Rien hier,

Et encore Rien aujourd'hui.

Rien aujourd'hui,

Et pourtant Rien demain.

Oui, RIEN…

Rien en retour,

Rien sur le parvis de la rencontre

Rien sur le parvis de l'amour

Rien sur le parvis du sourire

Rien sur le parvis de la franchise

Rien sur le parvis de la pitié

Rien sur le parvis de la joie
Rien sur le parvis du cœur
Rien sur le parvis de la morale
Rien sur le parvis du pardon chrétien
Rien sur le parvis de l'humanisme
RIEN, Rien, et rien.

Rappelle-toi, le semblable produit indéfiniment le semblable,

Rappelle-toi,
Tout le monde n'a pas participé à l'esclavage
Et pourtant il leur a servi et a profité à tous,

Rappelle-toi,
Tout le monde n'a pas participé à la traite négrière
Et pourtant elle leur a servi et a profité à tous,

Rappelle-toi,
Tout le monde n'a pas participé à la colonisation
Et pourtant elle leur a servi et a profité à tous,

Rappelle-toi,
Tout le monde n'a pas participé à l'exploitation
Et pourtant elle leur a servi et a profité à tous,

Rappelle-toi,

Tout le monde n’a pas participé au pillage
Et pourtant il leur a servi et a profité à tous,

Rappelle-toi,
Tout le monde n’a pas participé à la guerre
Et pourtant elle leur a servi et a profité à tous,

Rappelle-toi,
Tout le monde n’a pas participé aux Jim crow laws
Et pourtant elles leur ont servi et ont profité à tous,

Rappelle-toi,
Tout le monde n’a pas participé au néocolonialisme
Et pourtant il leur a servi et a profité à tous,

Rappelle-toi,
Tout le monde n’a pas participé à l’impérialisme
Et pourtant il leur a servi et a profité à tous,

Rappelle-toi,
Tout le monde n’a pas participé au capitalisme
Et pourtant il leur a servi et a profité à tous,

Rappelle-toi,

Tout le monde n'a pas participé à l'armement
Et pourtant il leur a servi et a profité à tous,

Rappelle-toi,
Tout le monde n'a pas participé au nucléaire
Et pourtant il leur a servi et a profité à tous,

Rappelle-toi,
Tout le monde n'a pas participé à l'industrialisation
Et pourtant elle leur a servi et a profité à tous,

Rappelle-toi,
Tout le monde n'a pas participé au racisme
Et pourtant il leur a servi et a profité à tous,

Rappelle-toi,
Tout le monde n'a pas participé à l'injustice
Et pourtant elle leur a servi et a profité à tous,

Rappelle-toi,
Tout le monde n'a pas participé à la ségrégation
Et pourtant elle leur a servi et a profité à tous,

Rappelle-toi,
Tout le monde n'a pas participé à la discrimination

Et pourtant elle leur a servi et a profité à tous,

RAPPELLE-toi, Rappelle-toi, et encore rappelle-toi.

Figure-toi et fais attention.
Figure-toi et prends garde.
Figure-toi et réfléchis bien.

Il y aura toujours des gens de la même race pour dire Non,
Un Non comme le NON que tu dis ;
Mais jamais des gens de la même race
Pour les combattre à ta place car c'est ton devoir à toi.

Il y aura toujours des gens de la même couleur pour dire Non,
Un Non comme ton NON à toi que tu dis ;
Mais jamais des gens de la même couleur
Pour les combattre à ta place car c'est ta mission à toi.

Il y aura toujours des gens de la même famille pour dire Non,
Un Non de refus, de négation et d'indignation comme le tien ;
Mais jamais des gens de la même famille
Pour les combattre à ta place car c'est ta responsabilité à toi.

Il y aura toujours des gens de la même maison pour dire « je ne suis pas d'accord »,
Un « je ne suis pas d'accord » comme ton je ne suis pas d'accord à toi ;
Mais jamais des gens de la même maison
Pour les combattre à ta place car c'est ton rôle.

Il y aura des gens de la même race, de la même couleur, de la même famille, de la même maison pour crier, dénoncer, juger, parler, dire et même écrire ton forfait, ton injustice, ton drame, ton supplice, ton malheur, ton mal…

Mais jamais pour mener ton combat à ta place…
Mais jamais pour faire ton palabre à ta place…
Mais jamais pour mener ton action à ta place…
Mais jamais pour poser ton pas à ta place…
Mais jamais pour prendre tes décisions à ta place…

Toi, le souffre-douleur,
Toi, le pauvre,
Toi, l'impuissant,
Toi, le malade,
Pourquoi ne le feraient-ils pas puisqu'ils sont si proches de leurs frères coupables ?
Pourquoi ne le feraient-ils pas puisqu'ils sont plus armés et mieux armés que toi ?

Pourquoi ne le feraient-ils pas puisqu'ils connaissent mieux les auteurs et les coupables ?

Depuis quand
Oui, depuis quand
Et encore Oui, depuis quand...

Depuis quand se sont-ils combattus entre eux parce que certains pratiquaient ton esclavage -- du fait que ce n'était pas **chrétien ?**

Depuis quand se sont-ils combattus entre eux parce que certains pratiquaient ta traite négrière -- du fait que ce n'était pas **humain ?**

Depuis quand se sont-ils combattus entre eux parce que certains pratiquaient ta colonisation -- du fait que ce n'était pas **bien ?**

Depuis quand se sont- ils combattus entre eux parce que certains pratiquaient ton exploitation -- du fait que ce n'était pas **bon ?**

Depuis quand se sont-ils combattus entre eux parce que certains pratiquaient ton pillage -- du fait que ce n'était pas **gentil ?**

Depuis quand se sont-ils combattus entre eux parce que certains te pratiquaient la guerre -- du fait que ce n'était pas **utile ?**

Depuis quand se sont-ils combattus entre eux parce que certains pratiquaient les Jim Crow laws -- du fait que ce n'était pas **juste ?**

Depuis quand se sont-ils combattus entre eux parce que certains pratiquaient le néocolonialisme -- du fait que ce n'était pas **vertu ?**

Depuis quand se sont-ils combattus entre eux parce que certains te pratiquaient l'impérialisme -- du fait que ce n'était pas **normal ?**

Depuis quand se sont-ils combattus entre eux parce que certains pratiquaient le capitalisme -- du fait que ce n'était pas **égalité ?**

Depuis quand se sont-ils combattus entre eux parce que certains pratiquaient l'armement -- du fait que ce n'était pas **idéal ?**

Depuis quand se sont-ils combattus entre eux parce que certains pratiquaient le nucléaire -- du fait que ce n'était pas **salutaire ?**

Depuis quand se sont-ils combattus entre eux parce que certains pratiquaient l'industrialisation -- du fait que ce n'était pas **viable ?**

Depuis quand se sont-ils combattus entre eux parce que certains pratiquaient le racisme -- du fait que ce n'était pas **biblique ?**

Depuis quand se sont-ils combattus entre eux parce que certains pratiquaient l'injustice -- du fait que ce n'était pas **justice ?**

Depuis quand se sont-ils combattus entre eux parce que certains pratiquaient la ségrégation -- du fait que ce n'était pas **moral ?**

Depuis quand se sont-ils combattus entre eux parce que certains pratiquaient la discrimination -- du fait que ce n'était pas **saint ?**

Pourquoi ne prendraient-ils pas ta défense ?
Pourquoi ne lutteraient-ils pas pour ta cause ?
Pourquoi ne lutteraient-ils pas pour ton droit ?
Pourquoi ne lutteraient-ils pas pour ta situation.... ?

Toi, le souffre-douleur,
Toi, le pauvre,
Toi, l'impuissant,
Toi, le malade.

Manque de courage ?
Manque de décision ?
Manque de volonté... ?

Je crois que non,

Je crois que Non;

Je crois que NON.

Manque de combat ou complicité tacite?
Silence coupable ou pas trop de temps?
Je crois que …

C'est à toi de mener ton combat,
Pas un combat noble, mais un combat méchant que l'autre t'impose sur les pas du devenir.

C'est à toi de mener ton combat,
Pas un combat noble, mais un combat de triste mémoire que l'autre t'impose sur les pas du devenir.

C'est à toi de mener ton combat,
Pas un combat noble, mais un combat de lourd tribut que l'autre t'impose sur les pas du devenir.

Et figure-toi,
Il le sait, le mal qu'il te fait et en est conscient.
Il le sait, le mal qu'il te fait et en est fier.
Il le sait, donc il fait exprès et il fera toujours exprès quand cela l'arrange et tant que cela l'arrange.

CAR,

Ce sont les mêmes et comme d'habitude une partie qui a commis les massacres de l'esclavage, et des siècles plus tard tout le monde en parle avec mémoire, surprise, regret et pitié... crime contre l'humanité ?

Ce sont les mêmes et comme d'habitude une partie qui a commis les massacres de la traite négrière, et des siècles plus tard tout le monde en parle avec mémoire, surprise, regret et pitié...crime contre l'humanité ?

Ce sont les mêmes et comme d'habitude une partie qui a commis les massacres de la colonisation, et des siècles plus tard tout le monde en parle avec mémoire, surprise, regret et pitié...crime contre l'humanité ?

Ce sont les mêmes et comme d'habitude une partie qui a commis **hier** les massacres aux États-Unis, et des siècles plus tard tout le monde en parle avec mémoire, surprise, regret et pitié...crime contre l'humanité ?

Ce sont les mêmes et comme d'habitude une partie qui a commis **hier** les massacres en Afrique du Sud et des siècles plus tard tout le monde en parle avec mémoire, surprise, regret et pitié...crime contre l'humanité ?

Ce sont les mêmes et comme d'habitude une partie qui a commis **hier** les massacres dans les colonies et des siècles plus tard tout le monde en parle avec mémoire, surprise, regret et pitié...crime contre l'humanité ?

Ce sont les mêmes et comme d'habitude une partie qui a commis **hier** les massacres au Rwanda et des décennies plus tard tout le monde en parle avec mémoire, surprise, regret et pitié...crime contre l'humanité ?

Ce sont les mêmes et comme d'habitude une partie qui a commis **hier** des atrocités et massacres au Congo Belge Kinshasa et des décennies plus tard tout le monde en parle avec mémoire, surprise, regret et pitié...crime contre l'humanité ?

Ce sont les mêmes et comme d'habitude une partie qui a commis **hier** les massacres en Algérie et des siècles plus tard tout le monde en parle avec mémoire, surprise, regret et pitié...crime contre l'humanité ?

Ce sont les mêmes et comme d'habitude une partie qui a commis **hier** les massacres au Libéria et des décennies plus tard tout le monde en parle avec mémoire, surprise, regret et pitié...crime contre l'humanité ?

Ce sont les mêmes et comme d'habitude une partie qui a commis **hier** les massacres en Sierra Leone et des décennies plus tard tout le monde en parle avec mémoire, surprise, regret et pitié...crime contre l'humanité ?

Ce sont les mêmes et comme d'habitude une partie qui a commis **hier** les massacres en Libye et des décennies plus tard tout le monde en parle avec mémoire, surprise, regret et pitié…crime contre l'humanité ?

Ce sont les mêmes et comme d'habitude une partie qui a commis **hier** les massacres en Éthiopie et des décennies plus tard tout le monde en parle avec mémoire, surprise, regret et pitié…crime contre l'humanité ?

Ce sont les mêmes et comme d'habitude une partie qui a commis **hier** les massacres au Soudan et des décennies plus tard tout le monde en parle avec mémoire, surprise, regret et pitié…crime contre l'humanité ?

Et j'en passe,
Et j'en passe ;
Et j'en passe.

Eh Oui tu le sais,
L'histoire a toujours été riche de ce genre de témoignage.
Eh Oui tu le sais,
Depuis la nuit des temps l'histoire connaît ce genre de témoignage.

Et, Aussi,

Sache que c'est de ça qu'ils vivent,
Sache qu'ils ont toujours été comme cela,
Sache qu'ils savent ce qu'ils font.

Et, Aussi,

Sache qu'ils savent où ils vont,
Sache que tout est préparé d'avance,
Sache qu'ils aiment bien ça.
Et, Aussi,
Sache que c'est le mode opératoire,
Sache qu'ils ne sont pas dupes,
Sache qu'ils ne sont pas ignorants des valeurs morales universelles.

Car ces valeurs, ce sont eux et toujours eux qui les ont créées en les écrivant,
Et c'est encore d'eux que nous avons appris que le bon sens était la chose *la moins* partagée dans leur monde à eux
Vraiment leur monde à eux—
Et non dans notre monde à nous —
Et non dans notre monde de chez nous—

Tu demandes leur clémence, ils ne te l'accorderont jamais
Tu demandes leur amour, ils ne te l'accorderont jamais
Tu demandes leur justice, ils ne te l'accorderont jamais
Tu demandes leur loi, ils ne te l'accorderont jamais
Tu demandes leur pitié, ils ne te l'accorderont jamais

Alors ne demande pas leur bon sens
Alors ne demande plus leur bon sens.

Tu pries pour que ta situation change
Tu implores le DIEU Tout-Puissant pour que ta situation change
Tu lui donnes tous les noms et tous les attributs pour que ta situation change

Je ne sais pas si tu es Essentialiste ou Existentialiste
Essentialiste ou Existentialiste
Dans un cas comme dans l'autre…
Il faut que tu saches qu'il n'est point besoin de déranger ce bon Monsieur qui dit-on est bon car il l'est en définitive
Et ce depuis le commencement des commencements.

Si tu laisses toujours l'autre te spolier le pain de vie et même bien souvent la vie alors que tu en as besoin,
Ne t'attends pas au fait que le Maître de classe de la vie soit toujours là à te secourir.
Si tu laisses celui qui est contre toi et contre ta réussite te réduire toujours à néant,
Ne compte pas sur son grand frère pour lui tirer les oreilles à la place de ton grand frère.

Ni le frère du blanc ne combattra le blanc à ta place et pour te faire plaisir.

Ni le Maître de classe de la vie ne combattra l'un de ses élèves pour faire plaisir au fainéant.
Ni le bon Monsieur ne combattra l'une de ses créatures pour faire plaisir à une autre de ses créatures.

Je ne sais pas si tu es Essentialiste ou Existentialiste
Mais DIEU n'est pas dans ton combat tant que tu ne le fais pas ou ne le commences pas toi-même.
Alors, Alors, et Alors

Si tu es Essentialiste,
Laisse tomber ce combat et
Laisse-toi marcher dessus car c'est -- comme le dirait l'autre -- ton destin -- c'est biblique -- c'est l'ordre naturel des choses.

Si tu es Existentialiste,
Lève-toi et mène ce combat..., le combat, et
Sache que c'est au bout de l'effort que tu gagneras dans ce combat et non au bout des chants et des versifications périodiques, sourdes et tapageuses à longueur de journée.

Car Dieu n'aime pas les paresseux,
Cherche et tu trouveras,
Frappe et on t'ouvrira et

Demande et on te donnera—

C'est même, dit-on, l'ordre biblique des choses.

Et maintenant,

Si tu es les deux,

Donc jumeaux...

Alors
Combats et change le destin,
Combats et force le destin.

Nous croyons tous en DIEU peut-être parce que, dit-on, il existe

Mais lui ne croit pas en nous simplement

Parce que nous ne faisons pas son œuvre certainement

Nous avons tous confiance en DIEU peut-être parce que, dit-on, c'est en lui qu'il faut mettre sa confiance

Mais lui n'a pas confiance en nous simplement

Parce que nous trahissons trop souvent nos paroles et nos prochains

Or LUI,

Il ne veut pas se laisser aussi avoir

Il ne veut pas se laisser aussi trahir

Et maintenant,

Question !

Question ?

Une seule question !

Une question que je me pose : pourquoi nous plaignons-nous et pourquoi voulons-nous changer l'ordre des choses, pourquoi crions-nous et pourquoi voulons-nous la justice et le bien ????

Ceux d'entre nous, qui se croient les plus intelligents -- car c'est de ça qu'il s'agit -- ne collaborent-ils pas avec eux -- ceux d'en face ?

Ceux d'entre nous, qui se disent moins africains que les Africains ne mangent-ils pas avec eux à la même table -- dans la même assiette -- dans le même plat ?

Ceux d'entre nous, qui se disent plus blancs que les blancs ne mettent-ils pas au grand jour nos secrets les plus profonds et ne nous découragent-ils pas à longueur de journée de mener une certaine révolution ?

Révolution… comme s'il était question de révolution
Révolution… comme s'il en était question
Révolution… comme si…

Oui,
Pitié pour celui qui souffre et qui cherche les moyens pour en sortir
Mais plus encore,
Pitié pour celui qui fait souffrir et qui cherche les moyens pour continuer
Et surtout plus encore,

PITIÉ et HONTE à celui qui joue le traître ou se joue le traître car son combat, il ne le connaît pas et son malheur, c'est que le frère de celui qui opprime le voit en lâche.

Le frère de l'oppresseur ferme les yeux sur l'oppression de son frère.
Au pire des cas, il dit « je ne suis pas d'accord » et c'est tout.
Vraiment tout
Et rien encore
Point final.

Le frère de l'opprimé ferme les yeux sur le combat et le destin commun qu'il a avec son frère.
Et au pire des cas, il aide l'oppresseur à anéantir son frère de la plus belle manière et de fort belle manière que son intelligence est reconnue, saluée et louée.
Et sa fierté, aussi grande que les 14 juillet des autres.
Et sa misère, aussi grande que les anniversaires des indépendances.
Et sa joie, aussi grande que les festins nocturnes à partager.
Et sa honte, aussi grande que la mouche qui traîne dans son salon de luxe.
Et son appétit, aussi grand que la prostituée qui partage son désir nocturne.
Et sa faim, aussi grande que celle du paysan qui lui donne à manger.

Révolution… comme s'il était question de révolution

Révolution… comme s'il en était question
Révolution… comme si…

Comme s'il était question de Révolution
Comme si nous parlions de Géographie et d'Histoire
Comme si nous parlions de Machine et d'Internet
Comme si nous parlions de Technologies et de Matériels

NON, non et NON
NOUS, Nous parlons de survie
NOUS, Nous parlons de vivre
NOUS, Nous parlons de nourriture
NOUS, Nous parlons de paix
NOUS, Nous parlons d'avenir

Mais surtout nous voulons discuter avec eux,
Et surtout nous voulons qu'ils comprennent ce que nous disons
Et surtout nous avons besoin que chacun fasse ce qui lui plaît
Mais chez lui, à la place où Dieu l'a mis, dans son palais.

Mais surtout nous savons que ce sera difficile
Et surtout difficile pour le chat de devenir chien et pour le chien de devenir chat.
Et comme nous savons que le sac de piment même bien longtemps après, sentira du piment

Alors armons-nous de courage pour discuter et gagner

CAR,

Si quelqu'un a la force physique et en fait son credo, toi utilise la force de l'intelligence et fais-en ton DIEU
Si quelqu'un utilise la ruse, la perfidie et autres malices pour t'avoir, toi utilise la franchise, la vérité et la fermeté pour gagner.
Crois-moi, c'est facile comme le lever du soleil,
Crois-moi, c'est simple comme l'enfant qui parle.

Hier nos morts, nos ancêtres, et nos parents ont parlé et protesté et rien n'a changé...
ALORS...
Alors changeons un peu de schéma,
Alors changeons un peu de tactique,
Alors changeons un peu de stratégie.

Mon pays, la guerre et la politique

Et si…

Mon beau et pauvre pays vient de connaître une guerre sans merci,

Mon beau et pauvre pays a connu une guerre sans merci.

Il paraîtrait que c'était pour corriger une injustice,

Il paraîtrait que c'était pour rendre service à quelqu'un,

Il paraîtrait que c'était utile pour bâtir une nouvelle nation,

Il paraîtrait que tout le monde devrait porter le même nom,

Il paraîtrait que c'était pour tuer la marginalisation d'une partie du peuple,

Il paraîtrait que les raisons sont multiples

Ou du moins étaient multiples

Et qu'il en reste encore

Hé, Oui

Les raisons sont multiples,
Tellement multiples,
Que je ne sais lesquelles citées

Puisque j'en aie oublié d'autres.

Il paraîtrait que c'était pour que tout le monde soit égal,

Il paraîtrait que c'était pour qu'un de nos devanciers soit président,

Il paraîtrait que c'était pour qu'un de nos devanciers quitte le pouvoir,

Bref, comme je le dis les raisons sont multiples

Non plusieurs

Non, beaucoup.

Tout compte fait, mon beau et pauvre pays a connu la guerre.
Une chose est sure et désormais sure,

Mon beau et pauvre pays a connu la guerre.
Oui, une guerre sans merci qui, dit-on, a fait beaucoup de morts.

Une guerre difficile,
Une guerre sanglante,
Une guerre meurtrière,
Une guerre qui a fait beaucoup de dégâts.

Une guerre dans laquelle on se tuait,
Une guerre dans laquelle on se battait,
Une guerre dans laquelle on se frappait,
Une guerre dans laquelle on s'insultait,
Une guerre dans laquelle on se parlait.

Ce fut une guerre dans laquelle on fuyait,
Ce fut une guerre dans laquelle on pleurait,
Ce fut une guerre dans laquelle on riait,
Ce fut une guerre dans laquelle on courait,
Ce fut une guerre dans laquelle on marchait
Ce fut une guerre dans laquelle on criait

On nous demanda de nous constituer en groupes d'autodéfense,
On nous demanda de nous constituer en groupes de soutien,
On nous demanda de nous constituer en groupes de révolte,
On nous demanda de nous constituer en groupes de protestation.

D'autres l'ont fait spontanément,
D'autres l'on fait par contrainte,
D'autres l'on fait pour de l'argent,
D'autres l'on fait par amitié,
D'autres l'on fait par connaissance.

La guerre était tellement meurtrière qu'on a eu peur
Les affrontements étaient tellement difficiles qu'on a tremblé
La crise était tellement dure qu'on l'a sentie fortement

D'autres ont fui,
D'autres ont quitté le pays,
D'autres sont partis.

Au début, nous n'avons rien compris de tout ça
Et même aujourd'hui, nous ne comprenons encore rien
Ou même aujourd'hui, nous ne voulons certainement pas comprendre
Et même aujourd'hui, nous ne pouvons certainement pas comprendre

Au début, on a cru que c'était juste pour un mois
Mais voilà maintenant huit années
Non... plutôt dix années
Que nous sommes dans cette guerre-affrontement-crise.

Qui connaît papa de chien ?
Qui sait quand cela finira ?

Au début, nous avons protesté, nous avons marché
Au début, nous avons prié, nous avons jeûné
Au début, nous avons parlé, nous avons crié
Au début, nous avons chanté, nous avons dansé
Au début, nous avons maudit, nous avons renié
Au début, nous avons refusé de voir, nous avons refusé de percevoir
Au début, nous avons refusé d'entendre, nous avons refusé de comprendre
Au début, nous avons refusé de nous approcher, nous avons refusé de toucher

Cependant cette guerre était réelle.
Cependant cette guerre a duré.

Comme nous le disons toujours, les conséquences sont multiples, multiformes et *géniales* quand on sait les analyser

Comme on le dit toujours les conséquences ne sont pas toujours que négatives car il y en a de positives

Oui…

Les conséquences de cette guerre ont été négatives

Et même très négatives

Car il y a eu beaucoup de morts

On dit même trop de morts.

Oui…

Les conséquences de cette guerre ont été négatives

Et même très négatives

Car il y a eu beaucoup de dégâts matériels

On dit même trop de dégâts matériels

Et pourtant…

Cette guerre a été autant positive que négative

Et même cette guerre a été positive

Il y a eu la conscience patriotique

Il y a eu des gens qui se sont enrichis

Il y a eu des gens qui sont sortis de nulle part pour *devenir quelqu'un*

Il y a eu des rebelles qui sont devenus propres,

Il y a eu des rebelles qui sont devenus beaux,

Il y a eu des rebelles qui sont devenus mignons,

Il y a eu des rebelles qui sont devenus riches,

Il y a eu des rebelles qui sont devenus des personnages importants.

Il y a eu des rebelles qui sont même devenus des personnalités importantes.

Il y a eu des rebelles qui sont devenus des hommes de pouvoir et même des hommes du pouvoir d'état.

Il y a eu des gens qui ont profité de la guerre pour devenir puissamment riches et puissants.

Il y a eu des gens qui ont profité de la guerre pour devenir des operateurs économiques et non des moindres.

Il y a eu des gens qui ont profité de la guerre pour changer de statuts social et économique.

Il y a eu de nouveaux riches

Il y a eu des patriotes

Il y a eu des guerriers…

Mais il y a surtout eu de nouveaux politiciens

Et moi c'est cela qui me fait peur…

Mais il y a surtout eu de nouveaux hommes en politique

Et moi c'est cela qui me fait peur…

Mais il y a surtout eu de nouveaux po-li-ti-ciens en politique
Et moi c'est cela qui me fait peur…

Mais il y a surtout eu de nouveaux politiques po-li-ti-ciens en politique
Et moi c'est cela qui me fait peur…

Aujourd'hui dans mon pays
Et à la faveur de la guerre-affrontement-crise
Tout le monde fait de la POLITIQUE.

Oui… pourvu qu'on ait une association,
Oui... pourvu qu'on ait un groupe de personnes à charge,
Oui… pourvu qu'on ait une grande famille,
Oui… pourvu qu'on passe à la télévision,
Oui… pourvu qu'on passe dans les stations de radio,
Alors on fait de la politique.

Et moi cette forme adverse de déchets politiques dus à la guerre
Me fait peur pour demain,

Parce que tout le monde fait le jeu politique,
Parce que tout le monde se considère comme politicien,
Parce que tout le monde se considère comme analyste politique.
Et ce qui est dangereux…
Tout le monde se voit en potentiel politicien

Et tout le monde se voit en potentiel dirigeant de demain
Et moi c'est ce qui me fait peur.

Et si tout le monde se rendait compte un jour
Que c'est le métier le plus facile,
Que deviendrait mon beau et pauvre pays.

Aujourd'hui dans mon pays
Et à la faveur de la guerre-affrontement-crise
Tout le monde a une branche politique,
Tout le monde préfère la politique au travail,
Tout le monde se caricature en potentiel élu du peuple.
Certains mêmes vont jusqu' à bénir Dieu pour ce don politique en eux.

Vous avez dit : Dieu !

Les mouvements de soutien au régime légal en place
Sont tous devenus des partis politiques
Ou des noyaux de partis politiques.

Les mouvements de soutien à la rébellion
Sont aussi tous devenus des groupes politiques
Ou des noyaux de partis politiques adjugés républicains.

Et c'est beau tout ça
Et c'est encore plus beau
Quand d'autres disent détenir l'aura, non que dis-je, l'art oratoire
Et quand d'autres témoignent avoir fait toutes les luttes.

Et c'est beau tout ça
Et c'est encore plus beau
Quand on le fait soit pour défendre la république
Soit pour défendre les intérêts de son parti politique.

Et c'est beau tout ça
Et c'est encore plus beau
Quand on le fait soit pour défendre la rébellion
Soit pour défendre les intérêts des groupes rebelles.

Qu'adviendra-t-il demain lorsque certaines personnes, après avoir caressé le rêve de politicien, voudront obstinément et coûte que coûte avoir des ambitions démesurées ?

Qu'adviendra-t-il demain quand d'autres ne se souviendront pas que dans les besoins du moment ils furent appelés à jouer des rôles que la nature leur avait conférés et qu'il est temps de plier bagage ?

Qu'adviendra-t-il demain quand beaucoup oublieront que c'est tout un peuple république à la place de la république qui s'était levé au nom des institutions, et du droit à la vie ?

Qu'adviendra-t-il demain quand certains ne comprendront pas un instant que nous ne pouvions jouer les mêmes rôles aux mêmes moments et que Dieu utilisait chacun à sa guise selon son bon vouloir ?

Qu'adviendra-t-il demain quand certaines personnes oublieront par un processus d'Alzheimer les hontes d'hier pour vouloir encore se prétendre digne de confiance et de mérite devant ce peuple qu'ils ont meurtri ?

Qu'adviendra-t-il demain quand les gens se tourneront résolument vers la politique ?

Qu'adviendra-t-il demain si dès maintenant on n'arrête pas ce flot de Patriotes du Sud et ce flot de Patriotes du Nord ?

Qu'adviendra-t-il si l'on n'arrête pas maintenant ce flot de politiciens nés de la guerre entre le Sud et le Nord, une appellation historique qui rappelle plusieurs Nord-Sud comme si c'était un beau souvenir ?

Qu'adviendra-t-il demain si les jeunes *politiciens* d'aujourd'hui convoitaient tous le pouvoir d'état ?

Questions… Questions… Questions … Qu'adviendra-t-il ?

Mon pays a connu la guerre

Et aujourd'hui tout le monde fait de la politique.
Mon pays a connu la guerre
Et pour le besoin de sauver la patrie tout le monde fait de la politique.
Mon pays a connu la guerre
Et l'expérience positive c'est que tout le monde vise le pouvoir d'état.

Qui va aller travailler pour eux...
Qui va aller cotiser pour eux...
Alors là...

Le danger à l'horizon fait moins peur si d'aventure nous restons dans un cadre de sauvegarde de la nation.
Le danger à l'horizon fait plus peur si d'aventure nous restons dans un cadre de conquête du pouvoir.
Qui n'aime pas le bonheur...

Alors là...

Attachons nos ceintures et prions pour que les batailles futures soient des batailles civilisées.
Des batailles civilisées comme les pères missionnaires nous l'enseignent tant
ET NON
Des batailles de petits sauvages civilisés comme le Satan nous aime tant.
Alors là...
Attachons nos ceintures et prions pour que les batailles futures soient des batailles de petits chrétiens.

Des batailles de petits chrétiens comme les pères missionnaires nous l'enseignent tant

ET NON

Des batailles de petits démons chrétiens comme le Satan nous aime tant.

ET VERITABLEMENT NON

Des batailles de petits démons sauvages civilisés chrétiens comme le Satan nous adore tant.

Car pour cette première guerre

Heeee Oui

Pour cette première guerre

Nous, Oui… je dis NOUS

Nous avons tellement prié et crié à DIEU

Qu'il est déjà descendu par Deux fois

NON, Trois fois peut-être

Et Si c'est le cas, alors là, franchement !

Printed by Books on Demand GmbH, Norderstedt / Germany